Emmanuelle Dupinoat

Des miettes d'aujourd'hui

Édition : BoD · Books on Demand, 31 avenue Saint-
Rémy, 57600 Forbach, bod@bod.fr
Impression : Libri Plureos GmbH, Friedensallee 273,
22763 Hamburg (Allemagne)

ISBN : 978-2-3225-7491-9
Dépôt légal : Mars 2025

À mes enfants,
mes fidèles lecteurs
et tous ceux qui m'inspirent

Quelques miettes

« Oui, il est bon, il est doux pour des frères
de vivre ensemble et d'être unis ! »

Ps 132

Une ville en émoi

Un dimanche matin,
À l'heure de leurs bains,
Colombes et palmipèdes
Songent au grand Archimède.

La ville est en émoi
Depuis de nombreux mois :
Bruyante ébullition,
Parole de pigeon !

Des drapeaux, des badauds
Ont pris d'assaut leur eau
Et la Seine d'antan
A perdu ses relents.

Pour les mets habituels,
Il reste les poubelles,
Les trottoirs balayés
Défient la satiété.

La musique résonne,
Les voitures klaxonnent,
Quel est ce tintamarre
Qui agace les canards ?

C'est la mouette rieuse
Qui slalome en curieuse,
Se faufile discrètement
Au milieu des passants.

Au retour, la voici
Narrant à ses voisines
La raison de ce bruit
Et l'immense piscine !

Or la fièvre olympique
Devient épidémique,
Sur les berges s'ébattent
De fiers acrobates.

Là une brasse coulée,
Magnifique vol plané,
Ailleurs des pas gracieux
Sur un rebord crasseux.

La faune se prend au jeu,
Ameute les grincheux,
Le tam-tam parisien
Fonctionne vraiment bien.

Et ainsi dans la ville,
Le moindre volatile
Espère une médaille
Lors de ces retrouvailles.

Un peu de gymnastique,
De la culture physique,
De splendides numéros
Entre tous ces oiseaux !

Quelle espèce a gagné,
S'est le plus amusée ?
Cet élan positif
Gagne tous les sportifs.

Sous les ponts coule la Seine
Et la nature humaine
Est-elle sortie grandie
Des J.O. à Paris ?

Au loin quelques pigeons
Poursuivent leurs plongeons,
Une grenouille coassant
Tente d'en faire autant !

Précieuse gratuité

Précieuse gratuité
De regards échangés,
Mais les yeux sont baissés,
De l'écran, prisonniers.

Tant de visages ignorent
Ce qui se passe dehors,
La richesse d'autrui,
Le fortuit, l'inédit !

Où se nichent les trouvailles,
Le plaisant, les détails,
L'autre est sur le trottoir,
Rat de laboratoire ?

Toutes les applications,
La guerre des boutons,
La bataille intérieure
Endort le spectateur.

Surcharger une journée
De pages consultées
Est-il suffisant
Pour un être vivant ?

Ces robots formidables
Semblent tellement rentables,
Le glacial modèle
Masque les sentinelles.

Quelques irréductibles
Demeurent accessibles,
Curieux et vigilants,
Providence de l'instant.

De patience en victoires,
Ils cultivent l'espoir
Se laissant persuader
Que tout reste à gagner.

Mais soudain un vacarme,
L'étourdi verse une larme,
En heurtant le pilier,
Il vient de trébucher.

Le choc est une leçon,
Un surplus d'attentions,
L'inconnu qui prend soin,
Le bon Samaritain.

Notre tendance responsable
Ou essence vulnérable
Proposent à la mémoire
Un large répertoire.

Ces piqûres de rappel,
Le joli arc-en-ciel
Esquissent de la sagesse
Ses lettres de noblesse.

Une courtoise machine,
La solitude qui mine
Peuvent-elles se satisfaire
De cloisons délétères ?

La rue est un spectacle,
Une cour de miracles,
De fruits à recueillir,
Raisons de se réjouir!

Émerveillement

Lorsque l'émerveillement
Saisit le jeune enfant,
Il trépigne d'allégresse
Devant toutes ses prouesses.

Les années se succèdent,
Or s'estompe toute l'aide,
S'installe la force de l'âge,
Un vigoureux virage.

L'imprévu et les ans
Exposent l'insignifiant,
Les notes de la pendule,
Les miettes ridicules.

Un moineau qui picore
Anime le décor
Ou cette pie qui sautille,
Ce bouton de jonquille.

Le pas va hésitant,
L'esprit prend tout son temps,
Moissonne autour de lui
L'invisible, le petit.

La mer et le zéphyr
Restaurent le sourire,
Le parfum du lilas,
Jadis et au-delà.

Le chant du rossignol
Ou la cour d'école
Effacent gentiment
Les entraves, le carcan.

Le frêle dicte la sagesse,
Il enseigne ses largesses,
Toutes nos capacités
Trop souvent ignorées.

Les lettres minuscules,
Les désirs qui reculent,
Les marches, la moindre action
Deviennent un marathon.

Les sens sont encensés,
Le modeste remarqué,
Un vers de poésie,
Des gouttelettes de pluie.

Derrière la fenêtre,
L'indulgence peut renaître,
Elle guide l'essentiel
Sur une sente parallèle.

Ainsi tous les détails
Dévoilent un grand vitrail ;
Peu devient un cadeau,
Le subtil est si beau !

L'album

Une image, une époque,
Une jolie robe à smocks,
Naguère est réveillé,
Relu, décortiqué.

L'album d'un autre temps
Rappelle nos parents,
Du nuage de poussière,
Des histoires à extraire.

Un lieu, ses habitants
S'invitent au présent,
Les liens sont expliqués,
L'ancêtre écouté.

Parfois une grand-mère
Sait faire tinter les vers
De l'arbre généalogique
Devenu poétique.

Les oreilles de l'enfant
Captent le bruit du vent,
Le passé, le futur
Pour lui, une aventure !

Se lit sur des visages
L'insolite héritage,
Une marque de fabrique,
Le sceau est génétique.

Il manque des parcelles,
L'évanescent réel ;
Chaque vécu est unique,
Heureuse mosaïque !

Le nuancier

Le ciel dévoile sa fantaisie,
Ses ressources paraissent infinies,
Ses tableaux, tous leurs interludes,
Le prélude d'une douce plénitude.

Le miracle d'ouvrir la fenêtre,
De tourner les yeux ou la tête,
Un spectacle sans cesse renouvelé,
L'acuité est sollicitée.

La journée regorge de chances,
De hasard ou de clairvoyance,
L'insolite n'est pas décevant,
Le partage véritable présent.

Le firmament déploie ses nuances,
Il insuffle une vraie transcendance,
L'altérité et toutes ses richesses,
L'antipode est une promesse.

La nature enseigne tant de choses,
Elle ouvre sa porte en virtuose
Et révèle dans son nuancier
Sa sagesse et diversité.

La valse des dates

Douze mois et quelques numéros
Ponctuent le temps et la mémoire,
L'un et l'autre dessinent un halo,
Engendrent un étonnant grimoire.

Les dates s'invitent dans la journée
Pour enrichir les pensées,
Escortent les cellules défaillantes,
Les pépites naissent, abondantes.

Une fête ou un anniversaire,
Une chance pour songer à son frère
Et briser un trop long silence,
D'un signe raviver la présence.

L'histoire renferme bien des cases,
Un beau bouquet dans un seul vase,
Des fleurs et de suaves senteurs
S'unissent comme toutes leurs couleurs.

Si l'absence cruelle se réveille,
Assombrit même le soleil,
Un jour demeure un raccourci,
Le meilleur sourd et n'a pas fui,

Le rire, les larmes parfois s'emmêlent,
L'esprit vacille sur son échelle
Et par un don d'équilibriste
D'incroyables teintes coexistent.

Un simple agenda perpétuel
Réunit, sème des étincelles,
Laissant poindre, valser les dates
Et des virgules délicates.

Une clé dans la serrure

La clé trouve la serrure,
En écho, un murmure,
Une maison qui fourmille
Et l'esprit de famille !

Dans ce ciel serein,
Le vide fut soudain,
Personne pour accueillir
Au sein de ce navire.

De ténébreuses amarres,
Le début du cauchemar,
La barque a bien tangué,
A failli chavirer,

Toutes ces banalités,
Trésors du passé
Ont pris de l'importance,
Accentué le silence.

Les années et le temps
Sont de piètres pansements
Pour combler la béance,
Les intimes absences.

Une porte grande ouverte,
La neige devant la fenêtre,
Un tableau immuable,
Un rivage mémorable.

Au portail, une promesse,
Cette prodigieuse adresse,
Des parents, leurs enfants :
Le nid fut apaisant.

Les fruits de l'amitié
N'ont cessé de briller,
Les sourires, le banal
Et ces perles familiales.

Le soleil revenu,
Un jardin, une rue
Inspirèrent la boussole,
Cette curieuse parabole.

Le retour à la glaise

La vague vient s'évanouir
Au pied de la falaise,
L'image aide à relire
Ce retour à la glaise.

Croix à perte de vue,
Ces vies sont presque nues,
Dressées, immaculées,
Plaies à vif, cruauté.

Le visiteur effleure
Cette manne intérieure,
Éclats d'humanité,
De notre liberté.

Elle s'ancre à tout jamais
Au bois des trépassés ;
Que repose en paix
Cette jeunesse sacrifiée !

Combien ont donc péri
Chez nous, en Normandie,
Une étrange lumière
Recouvre ses cimetières.

Les noms de chaque soldat
Témoignent des combats,
Des plages traversées,
Du sang coagulé.

Le tocsin, toujours, sonne
Et la guerre résonne,
Au loin d'autres caveaux,
Des récits, tous leurs maux.

Le père, la mère, la fille
Et combien de familles
Ensemble sous la terre
Nous rappellent ce calvaire ?

Sont gravées sur les pierres,
Au milieu de primevères,
Ces identiques dates :
Funeste juin 44.

Imperceptible

« Tu me scrutes, Seigneur, et tu sais ! »
Ps 138

En écho

Au milieu de la nuit,
Au cœur de notre monde,
Ils louent chaque aujourd'hui,
Leurs silences se répondent.

Leurs cantiques discrets
Renversent tous les murs,
Un spirituel creuset
Au sein d'une clôture.

D'autres iront visiter
Une ville ou un quartier,
Ouvrir en grand les bras,
Combien ne les voient pas ?

Un choix fort audacieux,
Le don est généreux,
Tourné vers l'essentiel,
Leur ferveur interpelle.

Les misères quotidiennes,
Le sourire, les neuvaines,
Le frère insupportable
Comme voisin à sa table.

Les joies sont prodiguées,
L'infime est décuplé,
Un charisme commun,
L'exemple des anciens.

Le rythme des offices,
L'écho Du sacrifice
Guident dans la prière
Tous ceux du monastère.

Leur amour véritable,
Une présence impalpable,
Des gouttes de lumière
S'échappent de l'estuaire.

Elles viennent consoler,
Soigner l'humanité,
Prier près des douleurs
Tous les jours et chaque heure.

Dans un monde en furie
Où s'impose le bruit,
Leur exemple, leur constance
Sont témoins d'espérance.

Quel est donc cet éclat
Qui réchauffe le combat,
Qui pare d'un horizon
La cellule de prison ?

Le malade qui geint
Ressent comme une main,
Sa peine est écoutée,
Ses pleurs considérés.

Le soin est attentif
Chez ces contemplatifs,
Les lueurs du matin
Illuminent très loin.

Au-delà des frontières,
Des obstacles, des barrières,
Ces veilleurs sont ardents,
Aplanissent les tourments.

Et parmi ces priants,
Combien sont des souffrants,
Une leçon de patience
Et de persévérance ?

La bonté cultivée,
Les grâces célébrées,
La famille a du prix,
Elle veille sur toute vie.

À l'approche de la mort,
Chacun regagne le port,
Il est accompagné
Par ceux qu'il a aimés.

Le jardin réunit,
L'humilité revit
Sous un tapis de fleurs,
Chaque frère demeure.

À la lumière d'un crabe

Un crabe déniché,
L'égard est décuplé,
Tout un cercle bouleversé,
Les palabres amplifiés.

Diverses attentions,
Une drôle de sensation,
Ce sens de l'existence
Pendu à la potence ?

Se présente l'équipage,
Les forces de l'entourage
Sont comme multipliées,
L'ordinaire sublimé.

Suivent les épisodes,
Les mauvaises périodes,
D'agressifs tentacules
Puis les peurs qui reculent.

C'est la première croisière,
Voyage solitaire
Masquant le précipice
De décents artifices.

De sous-bois en clairières,
Survit le secondaire,
Les vœux et les trompettes
Préfèrent faire la fête.

Au creux reste terrée
L'insouciance abimée,
L'intrus n'est pas si loin,
Passager clandestin.

Le pas peu assuré,
Une misérable armure,
À côté d'autres azurs
Peuvent se colorer.

Le vertige, les bémols,
Des chambres comme école,
Le mal est lumineux
S'il rend autrui précieux.

Le rempart

Cassés et cabossés,
Les jours sont entassés,
Sans cesse les mêmes gestes,
La survie et le reste.

Peu à peu une distance
Confronte l'efficience,
Celle du marathonien
Du faible et incertain.

L'amplitude invisible,
Le fossé indicible,
Les contrastes, le brouillard
Élargissent l'écart.

Subsistent tant de barreaux
Pour peindre cette échelle,
L'espoir face au réel
Illustre le chaos.

Si le corps décline,
Admet la discipline,
Les maux sont indécents,
Un dialecte de patients.

Des routes se séparent,
L'imperceptible rempart
Renvoie de l'existence
Son inutile substance.

En lisière de l'aurore,
Les perles de réconfort
Donnent à chaque fardeau
La foi du coquelicot.

À la nuit tombée

Que peuvent se raconter
Une fois la nuit tombée
Ces êtres insaisissables,
Personnages de fables ?

Des œuvres singulières
Peuplent nos étagères,
Cocktail appétissant
En mêlant des romans.

Joyeux alexandrins
Répondant aux quatrains,
Des rimes s'entremêlent
Et tirent les ficelles.

Quand l'Histoire se refait
À travers des essais,
Les batailles d'hier
Réussissent à se taire.

Des philosophes devisent,
Leurs thèses sont exquises,
Les concepts se bousculent,
Puis émerge le recul.

Toutes les découvertes
Subjuguent, déconcertent,
Pasteur et Hippocrate
Désertent leurs pénates.

Michel-Ange et Pablo
Façonnent un style nouveau,
Quand Jules et Léonard
Explorent Gallimard.

Unis, les dictionnaires
Se pâment et font les fiers,
Mais tous les ignorent
Jusqu'à la Castafiore !

Jonathan et Tibère
Vont rencontrer Chantecler,
Quand un craintif renard
Apprivoise Babar.

Il flaire le lapin,
Les recettes de pain,
Des plats extraordinaires,
Secrets de cuisinières !

Les encyclopédistes,
Des saints et des linguistes
S'interrogent sur les hommes
Dans l'antre des albums.

Idéfix s'est caché,
Recherché par Noé
Dont toute la ménagerie
Déclame des poésies.

Pythagore et Diogène
Inventent des théorèmes,
Hildegarde et Édith
Se sourient et méditent.

Victor, Émile, Marcel,
Piqués par le virus,
Relatent leurs astuces
Et réveillent Claudel.

C'est une belle farandole
De Socrate à Pagnol,
De fabuleux cerveaux,
Mozart consulte Rimbaud,

Tout le monde cohabite,
Se retrouve et s'agite,
Même les pages oubliées
Ne sont plus esseulées.

Cette valse délicieuse
Au milieu des veilleuses
Donne à nos bibliothèques
Un fugace air de fête.

Les critiques s'envolent,
Poussières au vitriol,
Jacques Tati, Depardon
Ressortent leurs crayons.

Si longues sont les journées,
Au garde-à-vous, rangés,
Suivent la récréation
Et moult créations !

Le lecteur est scruté,
L'inconnu, le zélé,
Timide, sûr de son choix,
Le brusque ou maladroit.

Sur les bibliothécaires,
D'amusants commentaires,
Leurs phrases décortiquées,
Les « chut » sont disséqués.

Si parmi ces auteurs
Se conçoit le meilleur,
Un rêve d'harmonie
Chaque soir s'épanouit !

À perte de vue

L'avenir est une promesse,
Le Graal de notre jeunesse,
L'espérance rayonne au matin,
Des jours s'entrelacent sans fin.

Une main effleure le tissu,
Des rêves à perte de vue,
L'étoffe caresse ses doigts
Quand la lame découpe la soie.

La silhouette est vite drapée,
D'un regard, elle sait l'habiller,
Broder de célestes couleurs,
D'éclat sa soyeuse blancheur.

Un à un, les pétales sont cousus ;
Une fleur naît, l'instant est suspendu,
Une corolle ourlée de ses pigments
Revêt un doux parfum de printemps.

Les aiguilles soudain emmêlées,
La pendule s'est vite affolée,
La chute devenue impensable,
L'accroc d'un vil grain de sable.

L'horizon est cette mer étale,
Les minutes, des heures d'hôpital,
Toutes les teintes se sont combiné
D'ecchymoses, de son nuancier.

Le fil n'est jamais rompu,
Son âme choisit le tissu
Du ciel, de ses éclairages
Resplendit son fervent courage.

Pour Alice, 24 ans

Ainsi va donc la vie ?

L'armure demeure très tendre,
L'abri prêt à se fendre,
Une main, juste un regard,
Peut-être un peu d'égards ?
Ainsi va donc la vie,
Elle coule sans souci.

La pénombre, le néant,
L'éclopé rebutant,
Sa peine va ruisseler,
La sente est escarpée.
Ainsi va donc la vie
Sans discerner la nuit.

Les liens peuvent se blesser,
Les souvenirs s'altérer,
En bordure de chemin,
Que devient l'être humain ?
Ainsi va donc la vie,
La question s'obscurcit.

Les vagues s'entrechoquent,
Flux et reflux s'en moquent,
Ils viennent de laminer
L'espoir frêle, éthéré.
Ainsi va donc la vie,
Le fragile l'ennuie.

La foi, de fragiles forces
Protègent la fine écorce,
Au loin un lumignon,
Au creux, que d'émotions !
Si ainsi va la vie,
Elle s'assèche sans bruit.

Bientôt nous comprendrons
Ce qu'ici nous faisons,
L'éphémère est donné,
Nos cheveux tous comptés
Et l'existence s'éclaire
Aux côtés de nos frères.

Ainsi va donc la vie,
L'insondable aujourd'hui.

Vers le port

« En toi est la source de vie ;
par ta lumière nous voyons la lumière. »

Ps 35

Notre-Dame

Majestueuse et unique,
Notre-Dame invite
À laisser tous les vents
Questionner les passants.

Des siècles empilés,
La Vierge a inspiré
Tant de tailleurs de pierres,
D'amoureux de verrières.

Des gargouilles sculptées,
L'angélus et les cloches,
Une entrée sous un porche,
L'appel est initié.

Le tabernacle, la croix
Et si peu qui se voit,
L'autel est bien ancré,
Le chemin retracé.

Ambon, nef et clocher,
L'alliance est magnifiée ;
Le calme et les offices
Font vivre l'édifice.

Un dédale de dalles,
Des fresques monumentales,
Triforium, baptistère,
Le sanctuaire est offert.

Une succession d'artistes,
D'apôtres, d'évangélistes,
Les statues se font face,
Des cantiques rendent grâce.

L'âme va déambuler,
Du transept aux travées,
Des ogives jusqu'au chœur
Vers d'ultimes demeures.

Que de lèvres glorifient
Les prouesses inouïes,
Sacrifices et labeur,
Symphonie de couleurs.

Les rayons du soleil
Taquinent ces merveilles,
Une blancheur tamisée
Diffuse sa clarté.

Chapelles ou cathédrales
Qu'on nomme Notre-Dame,
Tel un point cardinal,
Incarnée est sa flamme.

Elle nous guide vers le Père
De nombreuses manières,
La confiance se révèle,
Un amour fidèle.

Notre-Dame de la Joie
Dans un vent de noroît
Médite en son cœur
Nos fardeaux de pécheurs.

Mère et Fils accompagnent
La quiétude et les drames,
Humbles à nos côtés,
L'église est habitée.

L'alchimie des mélanges

L'alchimie des mélanges,
De saveurs étranges
Façonnent à tout jamais
Des largesses parfumées.

Au fond de la cocotte,
Un bon repas mijote,
Comme une douce musique,
Ses fumets sont uniques.

Le bouquet d'émotions
Convie à « la maison »,
Une mère, une grand-mère,
Épopée singulière.

Le cahier des recettes,
Les anciennes assiettes
Ne peuvent dévoiler
Qu'une part de vérité.

Les papilles restaurent,
Chacun garde son trésor,
Un rien qui ensorcelle,
Les coutumes de Noël.

L'affection des ancêtres
Ne cesse de renaître,
Par ces radieuses tablées,
L'enfance est réveillée.

Une fragrance d'autrefois
Fait se lécher les doigts,
La chaleur d'une tribu
Sans cesse entretenue.

Au cours des décennies,
Un souvenir ressurgit,
Des biscuits délicieux
Et tant de jours heureux !

Quand d'exquises madeleines,
De gourmandes fontaines
Unissent les cousins,
Le dialogue est sans fin.

Bonne Maman

Un ancrage à perpétuité,
Dans l'infime, la curiosité,
Cette aïeule à contre-courant
Se nommait juste « Bonne Maman ».

Il faudrait pour vous en parler
Bien des pages et même des cahiers,
Elle sema dans toutes mes veines
Un mélange insondable de graines.

Elle choisit les Saints Innocents
Et un siècle d'à peine deux ans,
Un berceau tout près de la mer
Étrenné déjà par son frère.

Son histoire reflète une époque,
Des méandres, de multiples chocs,
Deux guerres et des accouchements,
Le terreau de nombreux tourments.

Cousine et épouse aimante,
Elle se dit un peu protestante,
Perspicace, un brin précurseur
Et grand-mère avec grand bonheur.

La version de ses descendants
Ne traduit pas une seule Maman ;
En chargeant Dieu de la justice,
Elle creusa quelques cicatrices.

Elle croquait la vie à pleines dents,
D'un esprit très indépendant,
N'a cessé de se cultiver,
De donner comme de jardiner.

Elle offrit au chat des enfants
L'écriture et même du talent,
D'une plume partiellement acide,
Son style s'avère intrépide.

Au milieu de lettres entassées,
Ses pensées, lignes griffonnées,
Apparaissent sans modération
Des fruits à chaque saison.

Désormais comme elle n'est plus là,
Elle s'immisce et glisse dans mes pas,
M'insufflant d'étonnants messages,
Fantaisie à tous les étages !

Je me délecte encore de ses mots,
Les souvenirs sont comme des joyaux,
Quand me vient une nouvelle idée,
Elle relève sa maternité.

Le lien entre nous est magique,
La raison bien énigmatique,
Du passé s'envolent des pépites,
De l'audace à chaque visite.

Un sacré farceur

Sous des rayons de lune
Traînait son infortune
Rêvant aux bras aimants,
À un abri décent.

Un regard, une pitance,
Un souffle d'espérance
Quand le fils entreprit
D'en faire son ami.

L'animal adopté,
La mère est inspirée,
L'imaginaire tricote,
Déroule les pelotes.

Surgies d'une vieille armoire,
D'originales mémoires,
Celles du chat recueilli,
Amateur de souris.

La famille s'agrandit,
Les jeux, les pleurs, les cris,
Une kyrielle d'enfants,
Joyeux amusements !

L'animal se laisse faire,
Il a bon caractère,
Est un sacré farceur,
Un facétieux auteur.

Le recueil reste caché,
Les lignes sont oubliées,
Elles contiennent pourtant
Les indices d'antan.

L'enfance ne semble pas loin,
Elle s'éloigne et revient,
Dans les gestes ordinaires,
Aujourd'hui est hier.

Il aurait eu cent ans,
N'a pas beaucoup vieilli
Racontant aux petits
Ce qu'ont vécu les grands.

La magie d'une plume,
D'une ténébreuse lune,
D'un matou tout tremblant
Compagnon des enfants.

De l'imagination
Mêlée aux émotions,
L'alibi d'un félin
Peut donc mener fort loin.

Il serait bien ingrat
De tout laisser au chat,
De mettre aux oubliettes
Cette ultime pirouette.

Ce surprenant héros
Est surtout un cadeau,
Le reflet maternel
D'un amour éternel.

Face à la mer

Les camélias en fleurs,
Les embruns, les lueurs,
L'ermitage à bâbord,
Il descend vers le port.

Aux tempêtes, nourri,
Il revient au pays :
La terre du chou-fleur
Enfante des voyageurs.

Joyeux sportif de Dieu
Au verbe lumineux,
La beauté comme rivage,
Il écoute, encourage.

La Manche et l'Océan,
Le sifflement du vent,
Mais quand l'ami s'en va,
Une voix ne tinte pas.

Le don, la vocation
L'éloignent de sa maison,
L'absence est habitée,
L'espérance cultivée.

À la proue, des nuages,
Le désert sur sa plage,
L'horizon flamboyant
Appelle d'autres couchants.

Il laisse derrière lui
Des parents, des amis,
Un ancrage aux anciens,
À la joie et aux saints.

Et sans se retourner,
Il s'est déjà levé,
A choisi la confiance,
L'éternelle semence.

La foi est contagieuse,
La nature généreuse,
Debout, face à la mer,
Sa soif ne peut se taire.

Une pointe de sel

Aujourd'hui simplement,
Un pas et le suivant
Ouvrent vers l'inconnu,
Au sel de l'imprévu.

Les murs peuvent enfermer,
Priver de contempler,
Assombrir l'horizon
Et noyer la raison.

Juste une pointe de sel
Et quelques étincelles,
Si l'instant s'apprivoise,
Elles enjolivent l'ardoise.

Elle se pare d'inscriptions,
D'agréables attentions
Qui captent à l'intérieur
Des ressources à toute heure.

Le peu se multiplie,
Tempère les soucis,
Le remède n'est pas loin,
Sur bien d'autres chemins.

Au plus noir de la nuit,
Les tiroirs sont remplis,
Le médiocre se déguise,
Engendre des surprises.

De l'aube au crépuscule
Scintille le minuscule,
L'abondante vendange
S'embellit par l'échange.

La saveur est salée,
Le cœur revivifié,
De chacun responsable,
Ce souffle est incroyable !

Ancrage volatile

La graine est si fragile,
La pousse imperceptible,
Au cours de la journée
Souvent sollicitée.

De nature fugace,
Elle recherche une place,
Ignore son envergure,
Le sens de l'aventure.

D'où peut-elle donc venir,
Qui la pousse à grandir,
À déployer ses ailes,
Sa délicate dentelle ?

Pas le moindre barreau,
L'ancrage est volatile,
Son surprenant berceau
Paraît toujours subtil.

D'hier à aujourd'hui,
La rencontre l'enrichit,
Son essor improbable,
Ses incroyables escales.

Elle aime se partager,
S'offrir, se renforcer,
Isolée, elle s'étiole
Et perd même la parole.

De timides découvertes,
Une porte entrouverte,
La confiance est patience,
Une source de bienveillance.

Sœur Jeanne

Une rencontre mémorable
En voisines de table,
Sa joie éclaboussait
Tous ceux qui la croisaient.

Sénane du fond du cœur,
Très jeune devenue sœur,
Avec elle d'un élan,
Je quitte le continent.

Les ruelles de son île,
L'air qui se faufile,
Sans même le pied marin
Et nous étions à Sein !

Les embruns, la bruyère,
Des hommes de caractère,
Le courage, l'océan
Et « aller de l'avant ! »

Des rires et des sourires,
Le temps comme un soupir,
Un lien indéfectible,
Sans attendre, si facile !

Une chute vint rappeler
Le nombre des années,
La pente et l'hôpital
Éclairèrent le vital.

Des textes furent échangés,
Une vraie complicité,
Le vol des goélands
Effaçait nos tourments.

Ils revinrent trop vite,
Insidieux parasite,
Un soutien indéniable,
La Bretagne et le sable.

Les murs aseptisés,
La souffrance partagée,
Entre nous des oiseaux
Et l'affection des mots.

Sœur Jeanne se fatiguait,
Plus lentement avançait,
Or elle se tenait prête,
N'était même pas inquiète.

Le Seigneur vint reprendre
Cette amie au cœur tendre,
Elle qui d'un pas léger
Allait le retrouver.

Je ne peux oublier
Une telle sérénité,
L'île de Sein, ses trésors,
Ce chemin vers le port.

Merci

Vincent

pour tes jolis goélands bretons !